ANNE GEDDES

DATEBOOK

2000

ANNE GEDDES™

ISBN-0-7683-3541-8

www.annegeddes.com

The Anne Geddes 2000 Datebook is owned and produced by
The Especially Kids Company Limited,
2 York Street, Parnell, Auckland, New Zealand.
Telephone +64-9-375 2566, Facsimile +64-9-375 2560

Published in 1999 by Cedco Publishing Company,
100 Pelican Way, San Rafael, CA 94901

Produced by Kel Geddes
Color separations by Image Centre
Printed by Midas Printing Limited, Hong Kong

Please write to us for a FREE FULL COLOR catalog
of our fine Anne Geddes calendars and books,
Cedco Publishing Company, 100 Pelican Way,
San Rafael, CA 94901
or visit our website: www.cedco.com

2000

JANUARY

S	M	T	W	T	F	S
						1
2	3	4	5	6	7	8
9	10	11	12	13	14	15
16	17	18	19	20	21	22
23	24	25	26	27	28	29
30	31					

FEBRUARY

S	M	T	W	T	F	S
		1	2	3	4	5
6	7	8	9	10	11	12
13	14	15	16	17	18	19
20	21	22	23	24	25	26
27	28	29				

MARCH

S	M	T	W	T	F	S
			1	2	3	4
5	6	7	8	9	10	11
12	13	14	15	16	17	18
19	20	21	22	23	24	25
26	27	28	29	30	31	

APRIL

S	M	T	W	T	F	S
						1
2	3	4	5	6	7	8
9	10	11	12	13	14	15
16	17	18	19	20	21	22
23	24	25	26	27	28	29
30						

MAY

S	M	T	W	T	F	S
	1	2	3	4	5	6
7	8	9	10	11	12	13
14	15	16	17	18	19	20
21	22	23	24	25	26	27
28	29	30	31			

JUNE

S	M	T	W	T	F	S
				1	2	3
4	5	6	7	8	9	10
11	12	13	14	15	16	17
18	19	20	21	22	23	24
25	26	27	28	29	30	

JULY

S	M	T	W	T	F	S
						1
2	3	4	5	6	7	8
9	10	11	12	13	14	15
16	17	18	19	20	21	22
23	24	25	26	27	28	29
30	31					

AUGUST

S	M	T	W	T	F	S
		1	2	3	4	5
6	7	8	9	10	11	12
13	14	15	16	17	18	19
20	21	22	23	24	25	26
27	28	29	30	31		

SEPTEMBER

S	M	T	W	T	F	S
					1	2
3	4	5	6	7	8	9
10	11	12	13	14	15	16
17	18	19	20	21	22	23
24	25	26	27	28	29	30

OCTOBER

S	M	T	W	T	F	S
1	2	3	4	5	6	7
8	9	10	11	12	13	14
15	16	17	18	19	20	21
22	23	24	25	26	27	28
29	30	31				

NOVEMBER

S	M	T	W	T	F	S
			1	2	3	4
5	6	7	8	9	10	11
12	13	14	15	16	17	18
19	20	21	22	23	24	25
26	27	28	29	30		

DECEMBER

S	M	T	W	T	F	S
					1	2
3	4	5	6	7	8	9
10	11	12	13	14	15	16
17	18	19	20	21	22	23
24	25	26	27	28	29	30
31						

DECEMBER–JANUARY

SUNDAY 26

Boxing Day (Canada)

MONDAY 27

TUESDAY 28

WEDNESDAY 29

◑

Last Quarter Moon

THURSDAY 30

FRIDAY 31

SATURDAY 1

New Year's Day

JANUARY

S	M	T	W	T	F	S
						1
2	3	4	5	6	7	8
9	10	11	12	13	14	15
16	17	18	19	20	21	22
23	24	25	26	27	28	29
30	31					

A New Millennium
The Year 2000

JANUARY

SUNDAY 2

MONDAY 3

TUESDAY 4

WEDNESDAY 5

THURSDAY 6

Epiphany

●
New Moon

FRIDAY 7

SATURDAY 8

SUNDAY 9

MONDAY 10

TUESDAY 11

WEDNESDAY 12

THURSDAY 13

FRIDAY 14

First Quarter Moon

SATURDAY 15

JANUARY

S	M	T	W	T	F	S
						1
2	3	4	5	6	7	8
9	10	11	12	13	14	15
16	17	18	19	20	21	22
23	24	25	26	27	28	29
30	31					

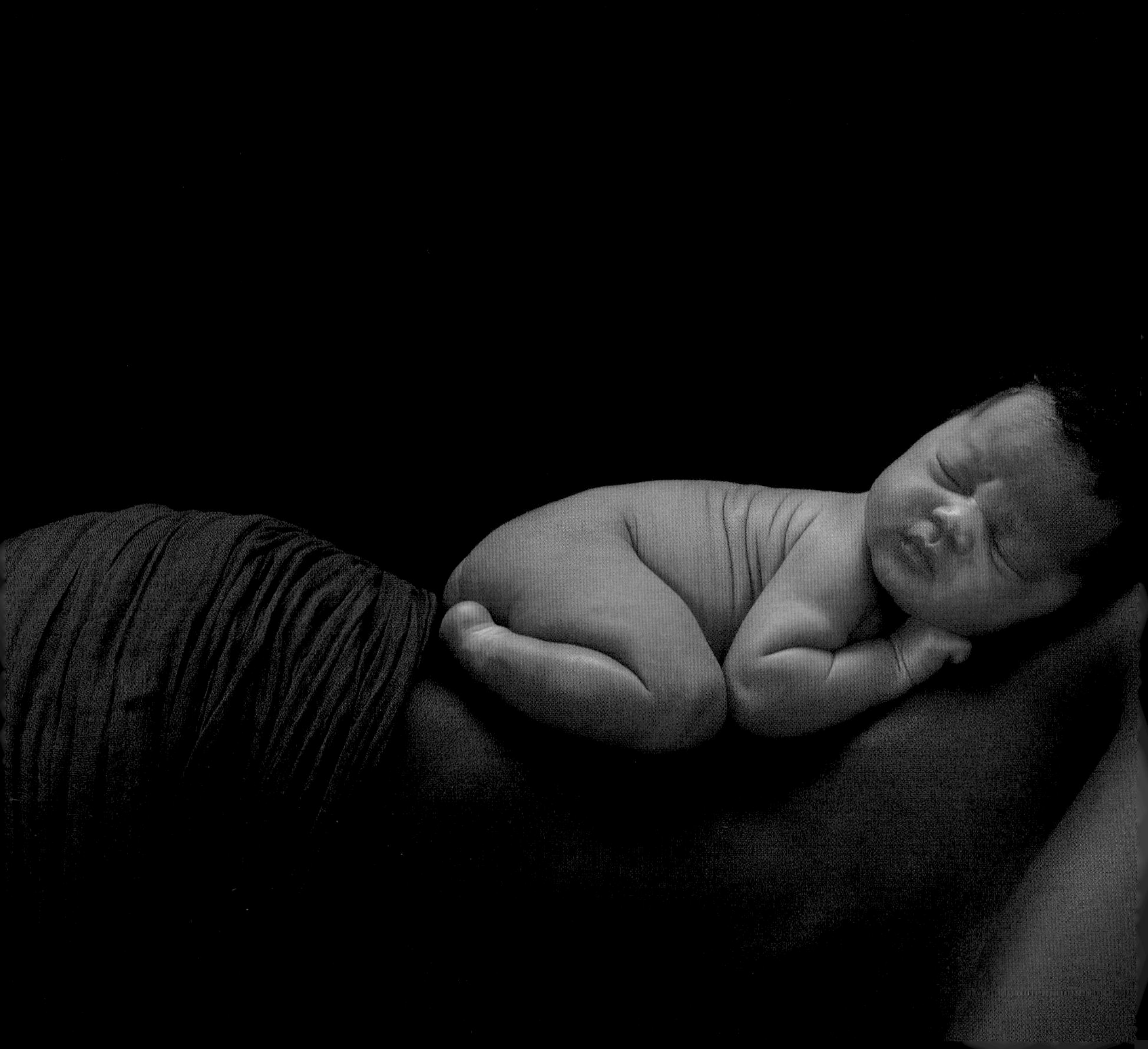

JANUARY

SUNDAY 16

MONDAY 17

Martin Luther King, Jr. Day

TUESDAY 18

WEDNESDAY 19

THURSDAY 20

Full Moon

FRIDAY 21

SATURDAY 22

SUNDAY 23

MONDAY 24

TUESDAY 25

WEDNESDAY 26

THURSDAY 27

FRIDAY 28

◑
Last Quarter Moon

SATURDAY 29

JANUARY

S	M	T	W	T	F	S
						1
2	3	4	5	6	7	8
9	10	11	12	13	14	15
16	17	18	19	20	21	22
23	24	25	26	27	28	29
30	31					

JANUARY-FEBRUARY

SUNDAY 30

MONDAY 31

TUESDAY 1

WEDNESDAY 2

THURSDAY 3

FRIDAY 4

SATURDAY 5

New Moon

FEBRUARY

S	M	T	W	T	F	S
		1	2	3	4	5
6	7	8	9	10	11	12
13	14	15	16	17	18	19
20	21	22	23	24	25	26
27	28	29				

FEBRUARY

SUNDAY 6

MONDAY 7

TUESDAY 8

WEDNESDAY 9

THURSDAY 10

FRIDAY 11

SATURDAY 12

Lincoln's Birthday

First Quarter Moon

FEBRUARY

S	M	T	W	T	F	S
		1	2	3	4	5
6	7	8	9	10	11	12
13	14	15	16	17	18	19
20	21	22	23	24	25	26
27	28	29				

FEBRUARY

SUNDAY 13

MONDAY 14

St. Valentine's Day

TUESDAY 15

WEDNESDAY 16

THURSDAY 17

FRIDAY 18

SATURDAY 19

○

Full Moon

SUNDAY 20

MONDAY 21

Presidents' Day

TUESDAY 22

Washington's Birthday

WEDNESDAY 23

THURSDAY 24

FRIDAY 25

SATURDAY 26

Last Quarter Moon

FEBRUARY

S	M	T	W	T	F	S
		1	2	3	4	5
6	7	8	9	10	11	12
13	14	15	16	17	18	19
20	21	22	23	24	25	26
27	28	29				

FEBRUARY–MARCH

SUNDAY 27

MONDAY 28

TUESDAY 29

WEDNESDAY 1

THURSDAY 2

FRIDAY 3

SATURDAY 4

MARCH

S	M	T	W	T	F	S
			1	2	3	4
5	6	7	8	9	10	11
12	13	14	15	16	17	18
19	20	21	22	23	24	25
26	27	28	29	30	31	

MARCH

SUNDAY 5

MONDAY 6

New Moon

TUESDAY 7

WEDNESDAY 8

Ash Wednesday
International Women's Day

THURSDAY 9

FRIDAY 10

SATURDAY 11

SUNDAY 12

MONDAY 13

◐
First Quarter Moon

TUESDAY 14

WEDNESDAY 15

THURSDAY 16

FRIDAY 17

St Patrick's Day

SATURDAY 18

MARCH

S	M	T	W	T	F	S
			1	2	3	4
5	6	7	8	9	10	11
12	13	14	15	16	17	18
19	20	21	22	23	24	25
26	27	28	29	30	31	

MARCH

SUNDAY 19

○

Full Moon

MONDAY 20

Vernal Equinox 2:37 a.m. E.S.T.

TUESDAY 21

WEDNESDAY 22

THURSDAY 23

FRIDAY 24

SATURDAY 25

MARCH

S	M	T	W	T	F	S
			1	2	3	4
5	6	7	8	9	10	11
12	13	14	15	16	17	18
19	20	21	22	23	24	25
26	27	28	29	30	31	

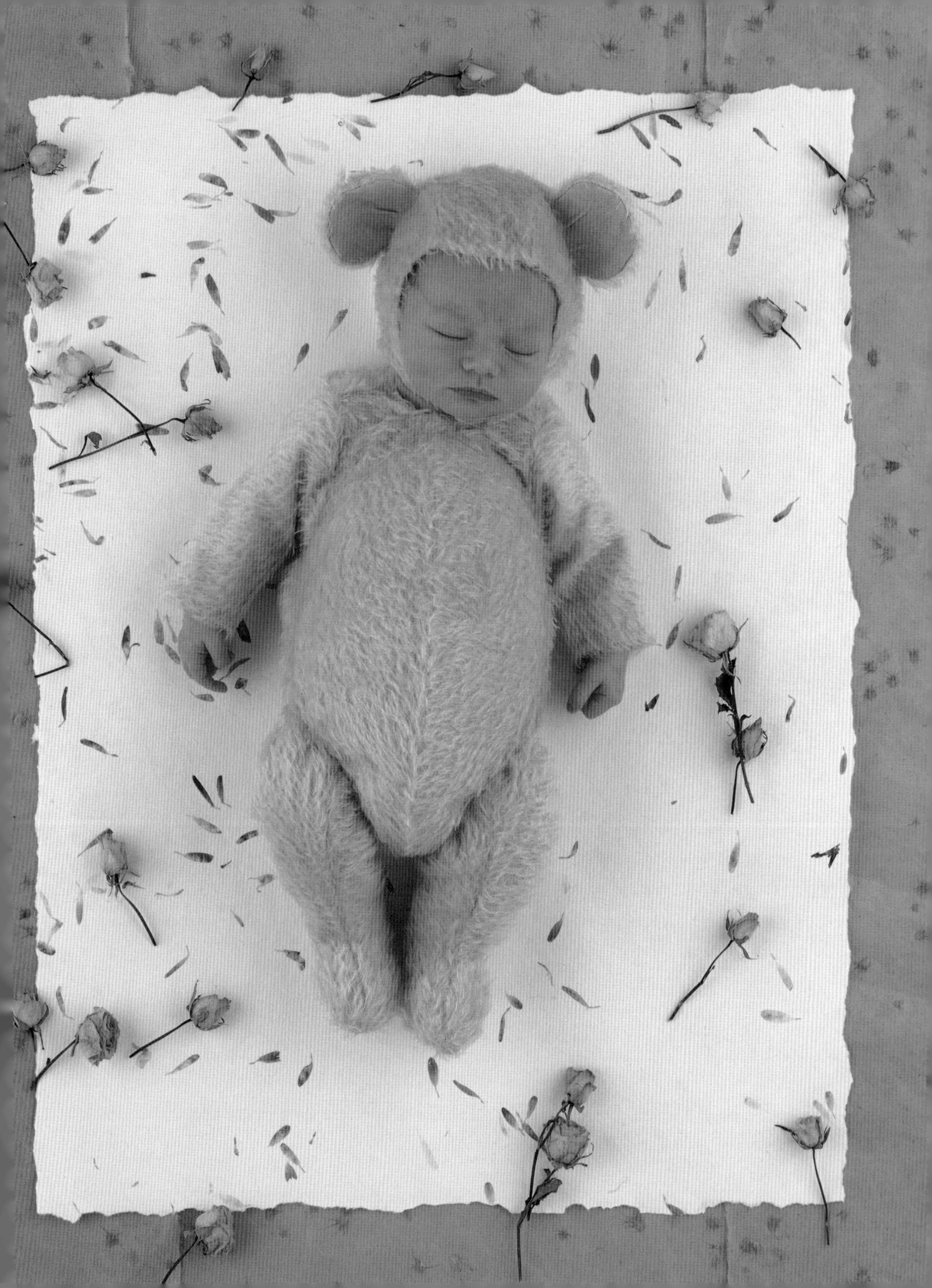

MARCH–APRIL

SUNDAY 26

MONDAY 27

◑ *Last Quarter Moon*

TUESDAY 28

WEDNESDAY 29

THURSDAY 30

FRIDAY 31

SATURDAY 1

APRIL

S	M	T	W	T	F	S
						1
2	3	4	5	6	7	8
9	10	11	12	13	14	15
16	17	18	19	20	21	22
23	24	25	26	27	28	29
30						

APRIL

SUNDAY 2

Daylight Saving Time begins
(turn clock ahead an hour)

MONDAY 3

TUESDAY 4

New Moon

WEDNESDAY 5

THURSDAY 6

FRIDAY 7

SATURDAY 8

SUNDAY 9

MONDAY 10

TUESDAY 11

First Quarter Moon

WEDNESDAY 12

THURSDAY 13

FRIDAY 14

SATURDAY 15

APRIL

S	M	T	W	T	F	S
						1
2	3	4	5	6	7	8
9	10	11	12	13	14	15
16	17	18	19	20	21	22
23	24	25	26	27	28	29
30						

APRIL

SUNDAY 16

Palm Sunday

MONDAY 17

TUESDAY 18

Full Moon

WEDNESDAY 19

Passover (begins at sunset)

THURSDAY 20

FRIDAY 21

Good Friday

SATURDAY 22

Earth Day

SUNDAY 23

Easter

MONDAY 24

TUESDAY 25

WEDNESDAY 26

Last Quarter Moon

THURSDAY 27

FRIDAY 28

National Arbor Day

SATURDAY 29

APRIL

S	M	T	W	T	F	S
						1
2	3	4	5	6	7	8
9	10	11	12	13	14	15
16	17	18	19	20	21	22
23	24	25	26	27	28	29
30						

APRIL–MAY

SUNDAY 30

MONDAY 1

TUESDAY 2

WEDNESDAY 3

THURSDAY 4

New Moon

FRIDAY 5

SATURDAY 6

MAY

S	M	T	W	T	F	S
	1	2	3	4	5	6
7	8	9	10	11	12	13
14	15	16	17	18	19	20
21	22	23	24	25	26	27
28	29	30	31			

MAY

SUNDAY 7

MONDAY 8

TUESDAY 9

WEDNESDAY 10

◐ *First Quarter Moon*

THURSDAY 11

FRIDAY 12

SATURDAY 13

MAY

S	M	T	W	T	F	S
	1	2	3	4	5	6
7	8	9	10	11	12	13
14	15	16	17	18	19	20
21	22	23	24	25	26	27
28	29	30	31			

MAY

SUNDAY 14

Mother's Day

MONDAY 15

TUESDAY 16

WEDNESDAY 17

THURSDAY 18

○
Full Moon

FRIDAY 19

SATURDAY 20

SUNDAY 21

MONDAY 22

Victoria Day (Canada)

TUESDAY 23

WEDNESDAY 24

THURSDAY 25

FRIDAY 26

◑
Last Quarter Moon

SATURDAY 27

MAY

S	M	T	W	T	F	S
	1	2	3	4	5	6
7	8	9	10	11	12	13
14	15	16	17	18	19	20
21	22	23	24	25	26	27
28	29	30	31			

MAY–JUNE

SUNDAY 28

MONDAY 29

Memorial Day

TUESDAY 30

WEDNESDAY 31

THURSDAY 1

Ascension Day

FRIDAY 2

●

New Moon

SATURDAY 3

JUNE

S	M	T	W	T	F	S
				1	2	3
4	5	6	7	8	9	10
11	12	13	14	15	16	17
18	19	20	21	22	23	24
25	26	27	28	29	30	

JUNE

SUNDAY 4

MONDAY 5

TUESDAY 6

WEDNESDAY 7

THURSDAY 8

First Quarter Moon

FRIDAY 9

SATURDAY 10

JUNE

S	M	T	W	T	F	S
				1	2	3
4	5	6	7	8	9	10
11	12	13	14	15	16	17
18	19	20	21	22	23	24
25	26	27	28	29	30	

EUROPA
AFRICA

JUNE

SUNDAY 11

Pentecost

MONDAY 12

TUESDAY 13

WEDNESDAY 14

Flag Day

THURSDAY 15

FRIDAY 16

○
Full Moon

SATURDAY 17

SUNDAY 18

Father's Day

MONDAY 19

TUESDAY 20

Summer Solstice 9:49 p.m. E.D.T.

WEDNESDAY 21

THURSDAY 22

FRIDAY 23

SATURDAY 24

Last Quarter Moon

JUNE

S	M	T	W	T	F	S
				1	2	3
4	5	6	7	8	9	10
11	12	13	14	15	16	17
18	19	20	21	22	23	24
25	26	27	28	29	30	

JUNE–JULY

SUNDAY 25

MONDAY 26

TUESDAY 27

WEDNESDAY 28

THURSDAY 29

FRIDAY 30

SATURDAY 1

Canada Day (Canada)

New Moon

JULY

S	M	T	W	T	F	S
						1
2	3	4	5	6	7	8
9	10	11	12	13	14	15
16	17	18	19	20	21	22
23	24	25	26	27	28	29
30	31					

SALTER
TRADE
SPRING BALANCE
VENDORS ONLY

JULY

SUNDAY 2

MONDAY 3

TUESDAY 4

Independence Day

WEDNESDAY 5

THURSDAY 6

FRIDAY 7

SATURDAY 8

◐

First Quarter Moon

SUNDAY 9

MONDAY 10

TUESDAY 11

WEDNESDAY 12

THURSDAY 13

FRIDAY 14

SATURDAY 15

JULY						
S	M	T	W	T	F	S
						1
2	3	4	5	6	7	8
9	10	11	12	13	14	15
16	17	18	19	20	21	22
23	24	25	26	27	28	29
30	31					

JULY

SUNDAY 16

Full Moon

MONDAY 17

TUESDAY 18

WEDNESDAY 19

THURSDAY 20

FRIDAY 21

SATURDAY 22

JULY

S	M	T	W	T	F	S
						1
2	3	4	5	6	7	8
9	10	11	12	13	14	15
16	17	18	19	20	21	22
23	24	25	26	27	28	29
30	31					

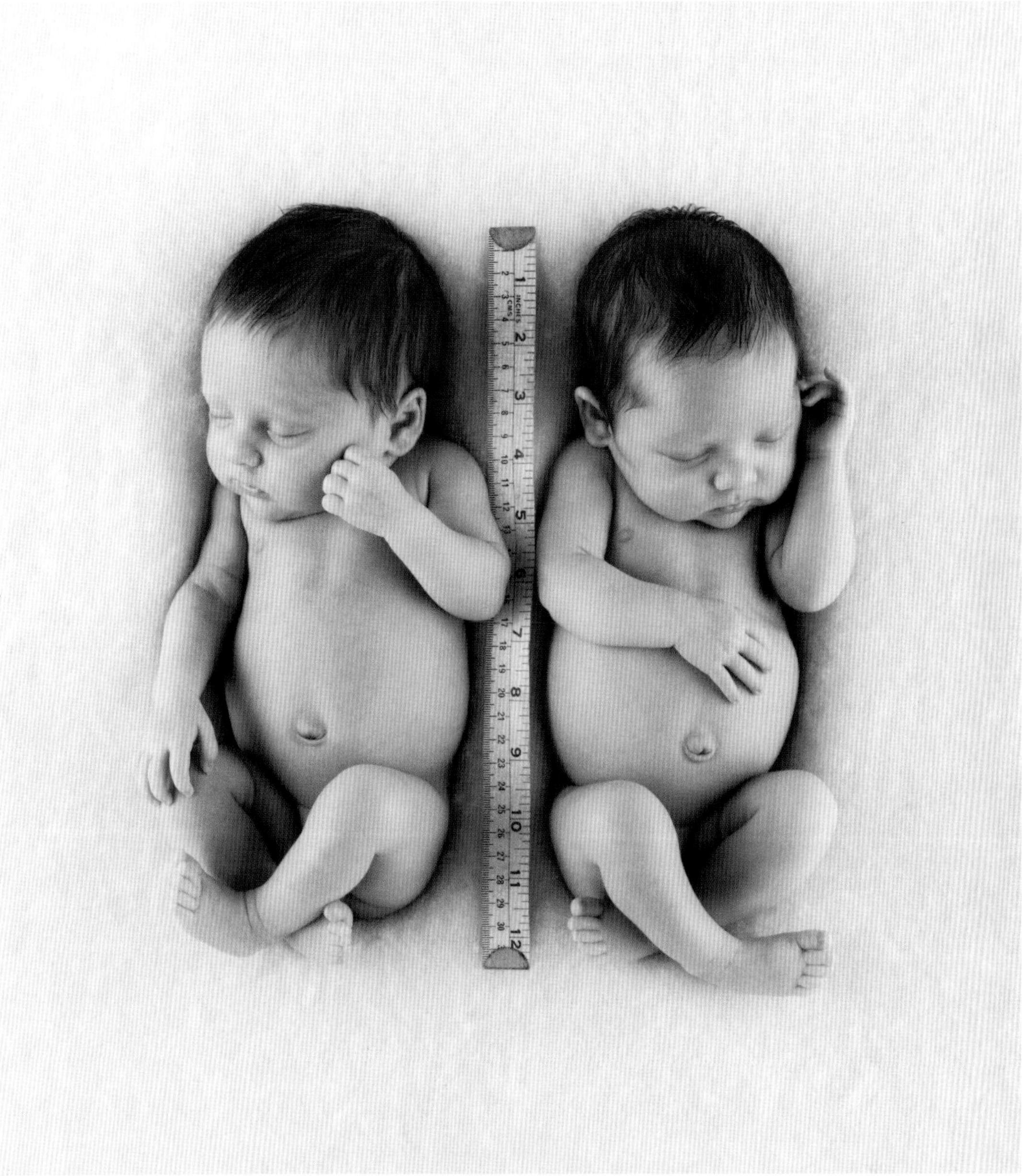
INCHES
CMS

JULY

SUNDAY 23

MONDAY 24

◐
Last Quarter Moon

TUESDAY 25

WEDNESDAY 26

THURSDAY 27

FRIDAY 28

SATURDAY 29

JULY

S	M	T	W	T	F	S
						1
2	3	4	5	6	7	8
9	10	11	12	13	14	15
16	17	18	19	20	21	22
23	24	25	26	27	28	29
30	31					

JULY – AUGUST

SUNDAY 30

New Moon

MONDAY 31

TUESDAY 1

WEDNESDAY 2

THURSDAY 3

FRIDAY 4

SATURDAY 5

AUGUST

S	M	T	W	T	F	S
		1	2	3	4	5
6	7	8	9	10	11	12
13	14	15	16	17	18	19
20	21	22	23	24	25	26
27	28	29	30	31		

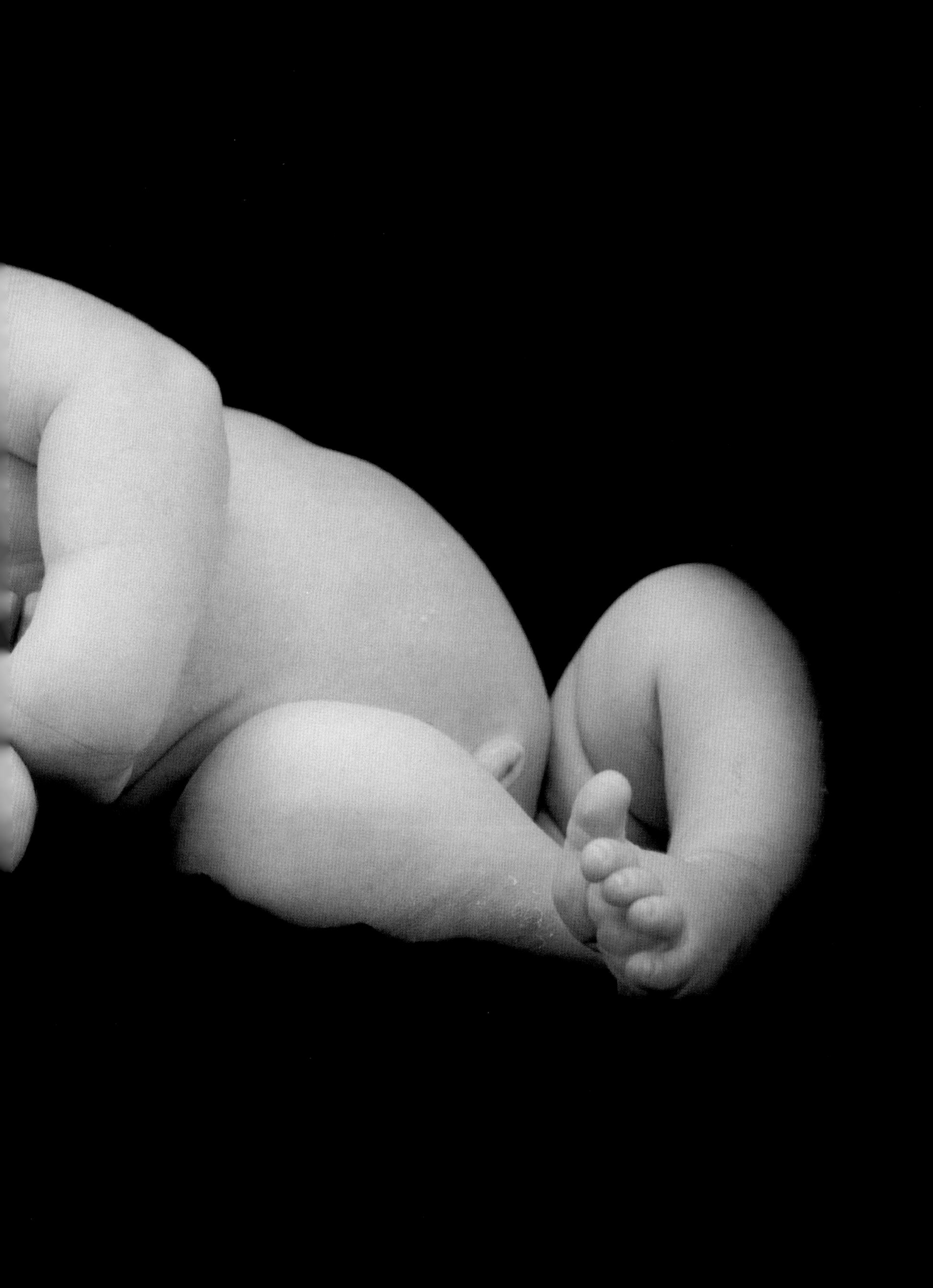

AUGUST

SUNDAY 6

◐
First Quarter Moon

MONDAY 7

Civic Holiday (Canada)

TUESDAY 8

WEDNESDAY 9

THURSDAY 10

FRIDAY 11

SATURDAY 12

AUGUST

S	M	T	W	T	F	S
		1	2	3	4	5
6	7	8	9	10	11	12
13	14	15	16	17	18	19
20	21	22	23	24	25	26
27	28	29	30	31		

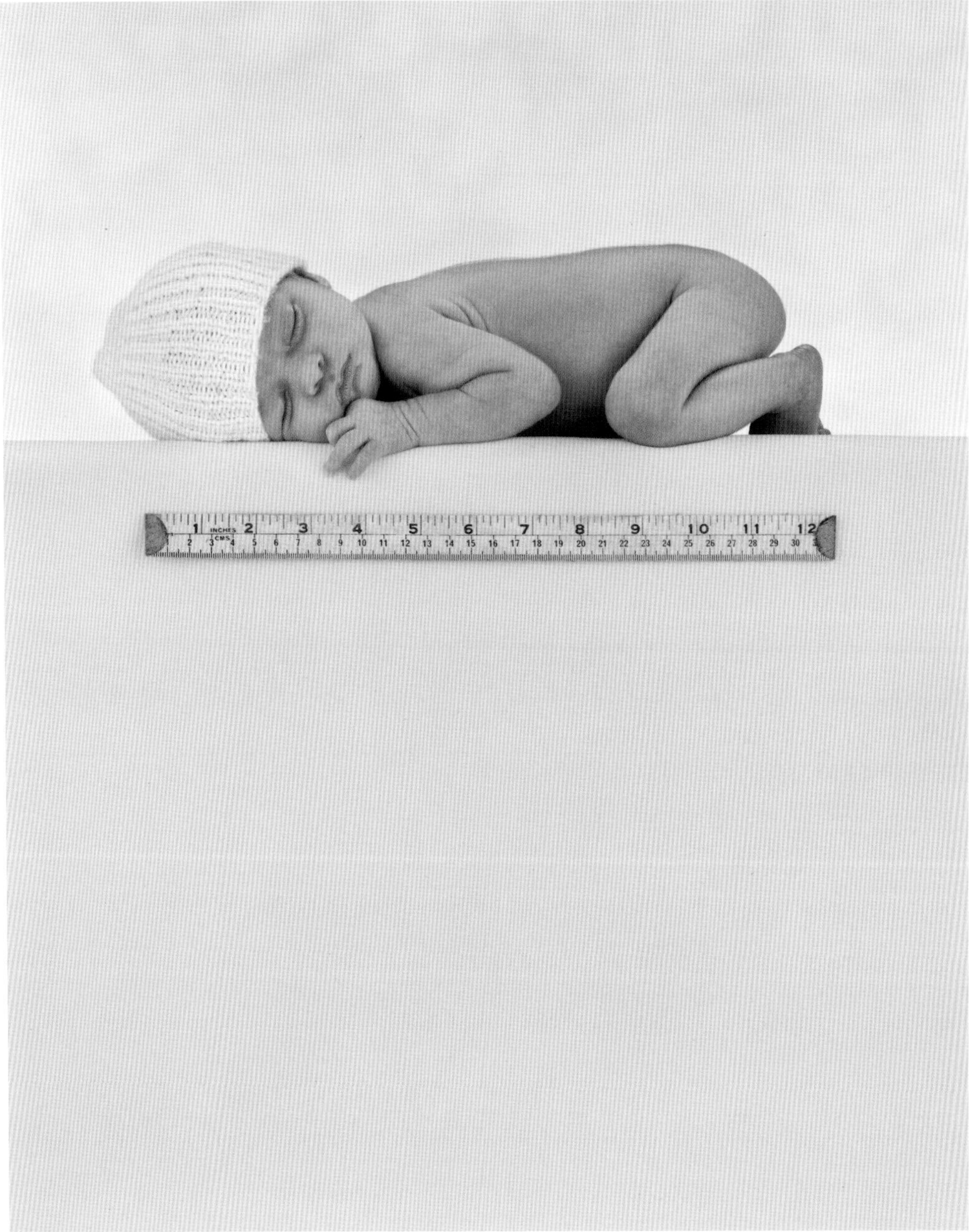
INCHES
CMS

AUGUST

SUNDAY 13

MONDAY 14

TUESDAY 15

○
Full Moon

WEDNESDAY 16

THURSDAY 17

FRIDAY 18

SATURDAY 19

SUNDAY 20

MONDAY 21

TUESDAY 22

Last Quarter Moon

WEDNESDAY 23

THURSDAY 24

FRIDAY 25

SATURDAY 26

AUGUST

S	M	T	W	T	F	S
		1	2	3	4	5
6	7	8	9	10	11	12
13	14	15	16	17	18	19
20	21	22	23	24	25	26
27	28	29	30	31		

AUGUST–SEPTEMBER

SUNDAY 27

MONDAY 28

TUESDAY 29

New Moon

WEDNESDAY 30

THURSDAY 31

FRIDAY 1

SATURDAY 2

SEPTEMBER						
S	M	T	W	T	F	S
					1	2
3	4	5	6	7	8	9
10	11	12	13	14	15	16
17	18	19	20	21	22	23
24	25	26	27	28	29	30

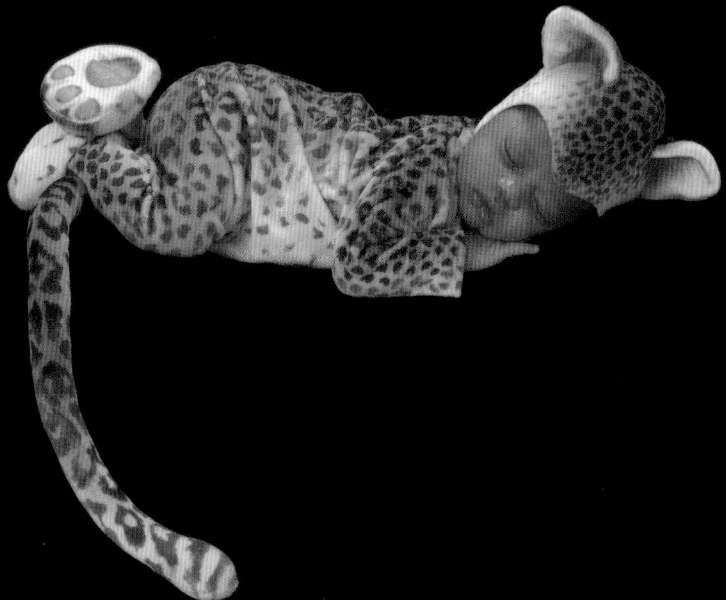

SEPTEMBER

SUNDAY 3

MONDAY 4

Labor Day

TUESDAY 5

First Quarter Moon

WEDNESDAY 6

THURSDAY 7

FRIDAY 8

SATURDAY 9

SEPTEMBER

S	M	T	W	T	F	S
					1	2
3	4	5	6	7	8	9
10	11	12	13	14	15	16
17	18	19	20	21	22	23
24	25	26	27	28	29	30

SEPTEMBER

SUNDAY 10

Grandparents' Day

MONDAY 11

TUESDAY 12

WEDNESDAY 13

Full Moon

THURSDAY 14

FRIDAY 15

SATURDAY 16

SUNDAY 17

MONDAY 18

TUESDAY 19

WEDNESDAY 20

Last Quarter Moon

THURSDAY 21

FRIDAY 22

Autumnal Equinox 1:29 p.m. E.D.T.

SATURDAY 23

SEPTEMBER

S	M	T	W	T	F	S
					1	2
3	4	5	6	7	8	9
10	11	12	13	14	15	16
17	18	19	20	21	22	23
24	25	26	27	28	29	30

SEPTEMBER

SUNDAY 24

MONDAY 25

TUESDAY 26

WEDNESDAY 27

New Moon

THURSDAY 28

FRIDAY 29

Rosh Hashanah (begins at sunset)

SATURDAY 30

SEPTEMBER

S	M	T	W	T	F	S
					1	2
3	4	5	6	7	8	9
10	11	12	13	14	15	16
17	18	19	20	21	22	23
24	25	26	27	28	29	30

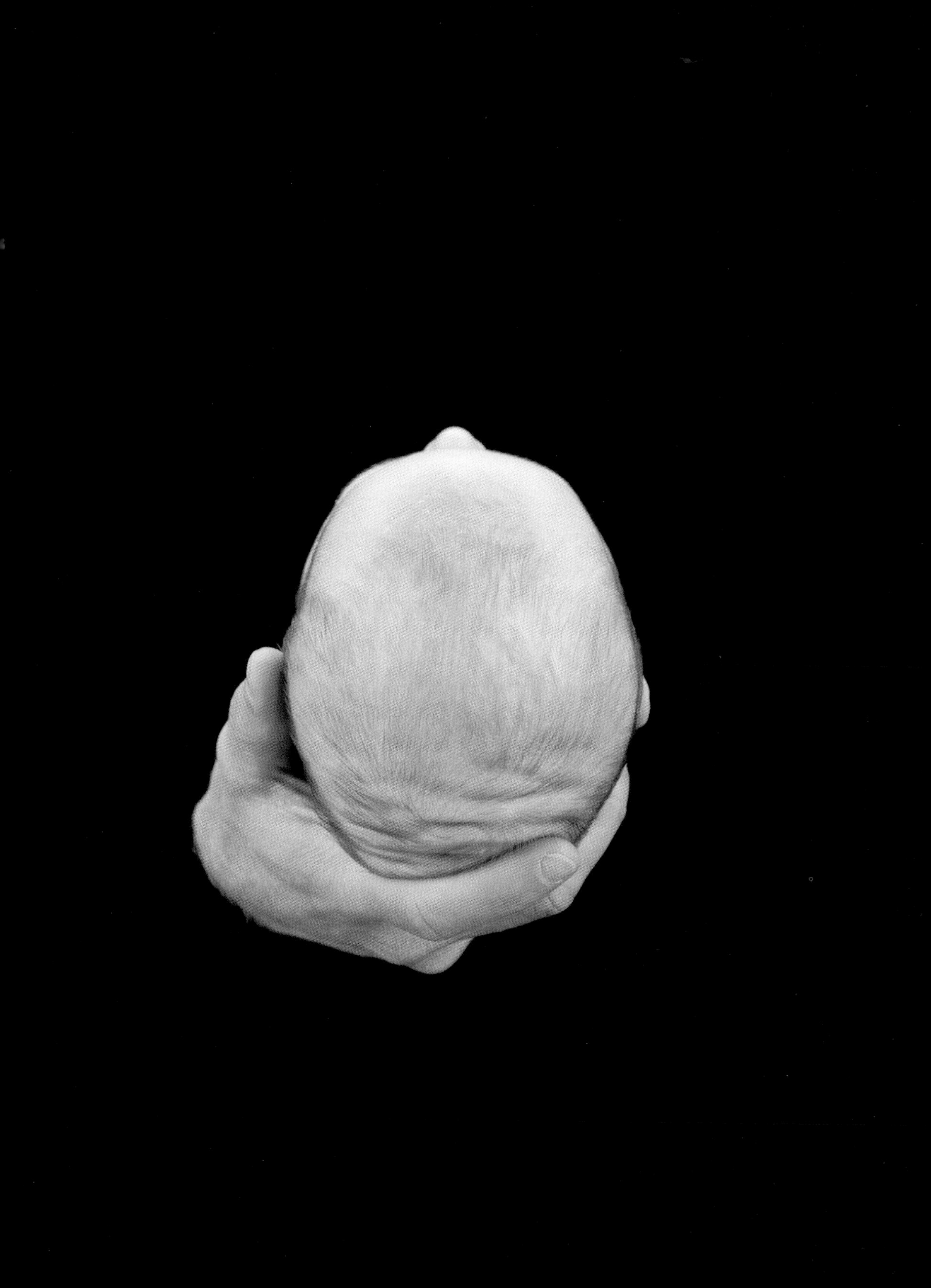

OCTOBER

SUNDAY 1

MONDAY 2

TUESDAY 3

WEDNESDAY 4

THURSDAY 5

First Quarter Moon

FRIDAY 6

SATURDAY 7

OCTOBER

S	M	T	W	T	F	S
1	2	3	4	5	6	7
8	9	10	11	12	13	14
15	16	17	18	19	20	21
22	23	24	25	26	27	28
29	30	31				

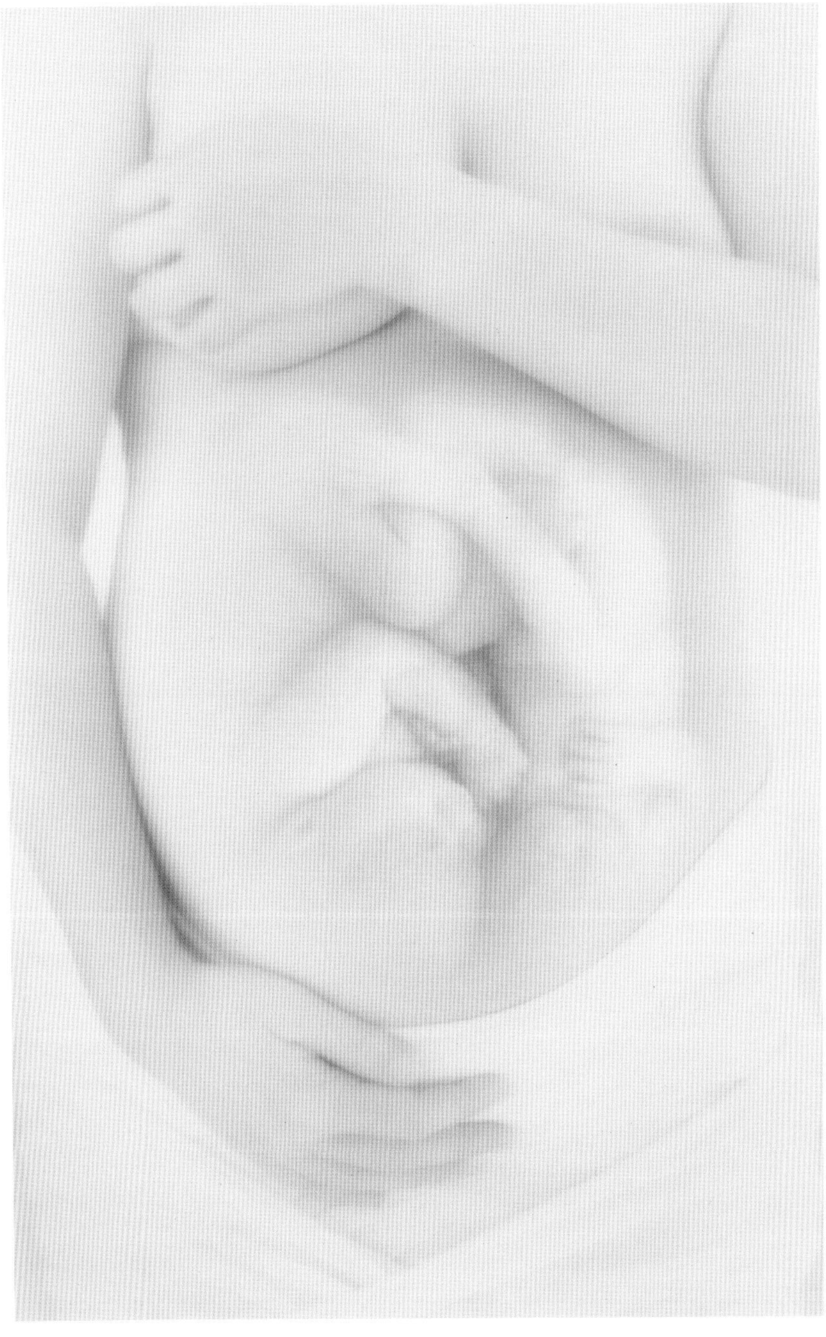

OCTOBER

SUNDAY 8

Yom Kippur (begins at sunset)

MONDAY 9

Columbus Day
Canadian Thanksgiving Day

TUESDAY 10

WEDNESDAY 11

THURSDAY 12

FRIDAY 13

○
Full Moon

SATURDAY 14

SUNDAY 15

MONDAY 16

TUESDAY 17

WEDNESDAY 18

THURSDAY 19

FRIDAY 20

Last Quarter Moon

SATURDAY 21

OCTOBER

S	M	T	W	T	F	S
1	2	3	4	5	6	7
8	9	10	11	12	13	14
15	16	17	18	19	20	21
22	23	24	25	26	27	28
29	30	31				

OCTOBER

SUNDAY 22

MONDAY 23

TUESDAY 24

WEDNESDAY 25

THURSDAY 26

FRIDAY 27

New Moon

SATURDAY 28

OCTOBER

S	M	T	W	T	F	S
1	2	3	4	5	6	7
8	9	10	11	12	13	14
15	16	17	18	19	20	21
22	23	24	25	26	27	28
29	30	31				

OCTOBER–NOVEMBER

SUNDAY 29

Daylight Saving Time ends
(turn clock back an hour)

MONDAY 30

TUESDAY 31

Halloween

WEDNESDAY 1

THURSDAY 2

FRIDAY 3

SATURDAY 4

First Quarter Moon

NOVEMBER

S	M	T	W	T	F	S
			1	2	3	4
5	6	7	8	9	10	11
12	13	14	15	16	17	18
19	20	21	22	23	24	25
26	27	28	29	30		

NOVEMBER

SUNDAY 5

MONDAY 6

TUESDAY 7

Election Day

WEDNESDAY 8

THURSDAY 9

FRIDAY 10

SATURDAY 11

Veterans Day
Remembrance Day (Canada)

○
Full Moon

SUNDAY 12

MONDAY 13

TUESDAY 14

WEDNESDAY 15

THURSDAY 16

FRIDAY 17

SATURDAY 18

Last Quarter Moon

NOVEMBER

S	M	T	W	T	F	S
			1	2	3	4
5	6	7	8	9	10	11
12	13	14	15	16	17	18
19	20	21	22	23	24	25
26	27	28	29	30		

NOVEMBER

SUNDAY 19

MONDAY 20

TUESDAY 21

WEDNESDAY 22

THURSDAY 23

Thanksgiving Day

FRIDAY 24

SATURDAY 25

New Moon

NOVEMBER

S	M	T	W	T	F	S
			1	2	3	4
5	6	7	8	9	10	11
12	13	14	15	16	17	18
19	20	21	22	23	24	25
26	27	28	29	30		

NOVEMBER–DECEMBER

SUNDAY 26

MONDAY 27

TUESDAY 28

WEDNESDAY 29

THURSDAY 30

FRIDAY 1

SATURDAY 2

DECEMBER

S	M	T	W	T	F	S
					1	2
3	4	5	6	7	8	9
10	11	12	13	14	15	16
17	18	19	20	21	22	23
24	25	26	27	28	29	30
31						

DECEMBER

SUNDAY 3

First Quarter Moon

MONDAY 4

TUESDAY 5

WEDNESDAY 6

THURSDAY 7

FRIDAY 8

SATURDAY 9

DECEMBER

S	M	T	W	T	F	S
					1	2
3	4	5	6	7	8	9
10	11	12	13	14	15	16
17	18	19	20	21	22	23
24	25	26	27	28	29	30
31						

DECEMBER

SUNDAY 10

MONDAY 11

Full Moon

TUESDAY 12

WEDNESDAY 13

THURSDAY 14

FRIDAY 15

SATURDAY 16

SUNDAY 17

◑
Last Quarter Moon

MONDAY 18

TUESDAY 19

WEDNESDAY 20

THURSDAY 21

Hanukkah (begins at sunset)
Winter Solstice 8:39 a.m. E.S.T.

FRIDAY 22

SATURDAY 23

DECEMBER

S	M	T	W	T	F	S
					1	2
3	4	5	6	7	8	9
10	11	12	13	14	15	16
17	18	19	20	21	22	23
24	25	26	27	28	29	30
31						

DECEMBER

SUNDAY 24

MONDAY 25

Christmas

New Moon

TUESDAY 26

Boxing Day (Canada)

WEDNESDAY 27

THURSDAY 28

FRIDAY 29

SATURDAY 30

DECEMBER

S	M	T	W	T	F	S
					1	2
3	4	5	6	7	8	9
10	11	12	13	14	15	16
17	18	19	20	21	22	23
24	25	26	27	28	29	30
31						

DECEMBER-JANUARY

SUNDAY 31

MONDAY 1

New Year's Day

TUESDAY 2

◐
First Quarter Moon

WEDNESDAY 3

THURSDAY 4

FRIDAY 5

SATURDAY 6

Epiphany

JANUARY

S	M	T	W	T	F	S
	1	2	3	4	5	6
7	8	9	10	11	12	13
14	15	16	17	18	19	20
21	22	23	24	25	26	27
28	29	30	31			

2001

JANUARY

S	M	T	W	T	F	S
	1	2	3	4	5	6
7	8	9	10	11	12	13
14	15	16	17	18	19	20
21	22	23	24	25	26	27
28	29	30	31			

FEBRUARY

S	M	T	W	T	F	S
				1	2	3
4	5	6	7	8	9	10
11	12	13	14	15	16	17
18	19	20	21	22	23	24
25	26	27	28			

MARCH

S	M	T	W	T	F	S
				1	2	3
4	5	6	7	8	9	10
11	12	13	14	15	16	17
18	19	20	21	22	23	24
25	26	27	28	29	30	31

APRIL

S	M	T	W	T	F	S
1	2	3	4	5	6	7
8	9	10	11	12	13	14
15	16	17	18	19	20	21
22	23	24	25	26	27	28
29	30					

MAY

S	M	T	W	T	F	S
		1	2	3	4	5
6	7	8	9	10	11	12
13	14	15	16	17	18	19
20	21	22	23	24	25	26
27	28	29	30	31		

JUNE

S	M	T	W	T	F	S
					1	2
3	4	5	6	7	8	9
10	11	12	13	14	15	16
17	18	19	20	21	22	23
24	25	26	27	28	29	30

JULY

S	M	T	W	T	F	S
1	2	3	4	5	6	7
8	9	10	11	12	13	14
15	16	17	18	19	20	21
22	23	24	25	26	27	28
29	30	31				

AUGUST

S	M	T	W	T	F	S
			1	2	3	4
5	6	7	8	9	10	11
12	13	14	15	16	17	18
19	20	21	22	23	24	25
26	27	28	29	30	31	

SEPTEMBER

S	M	T	W	T	F	S
						1
2	3	4	5	6	7	8
9	10	11	12	13	14	15
16	17	18	19	20	21	22
23	24	25	26	27	28	29
30						

OCTOBER

S	M	T	W	T	F	S
	1	2	3	4	5	6
7	8	9	10	11	12	13
14	15	16	17	18	19	20
21	22	23	24	25	26	27
28	29	30	31			

NOVEMBER

S	M	T	W	T	F	S
				1	2	3
4	5	6	7	8	9	10
11	12	13	14	15	16	17
18	19	20	21	22	23	24
25	26	27	28	29	30	

DECEMBER

S	M	T	W	T	F	S
						1
2	3	4	5	6	7	8
9	10	11	12	13	14	15
16	17	18	19	20	21	22
23	24	25	26	27	28	29
30	31					

2002

JANUARY

S	M	T	W	T	F	S
		1	2	3	4	5
6	7	8	9	10	11	12
13	14	15	16	17	18	19
20	21	22	23	24	25	26
27	28	29	30	31		

FEBRUARY

S	M	T	W	T	F	S
					1	2
3	4	5	6	7	8	9
10	11	12	13	14	15	16
17	18	19	20	21	22	23
24	25	26	27	28		

MARCH

S	M	T	W	T	F	S
					1	2
3	4	5	6	7	8	9
10	11	12	13	14	15	16
17	18	19	20	21	22	23
24	25	26	27	28	29	30
31						

APRIL

S	M	T	W	T	F	S
	1	2	3	4	5	6
7	8	9	10	11	12	13
14	15	16	17	18	19	20
21	22	23	24	25	26	27
28	29	30				

MAY

S	M	T	W	T	F	S
			1	2	3	4
5	6	7	8	9	10	11
12	13	14	15	16	17	18
19	20	21	22	23	24	25
26	27	28	29	30	31	

JUNE

S	M	T	W	T	F	S
						1
2	3	4	5	6	7	8
9	10	11	12	13	14	15
16	17	18	19	20	21	22
23	24	25	26	27	28	29
30						

JULY

S	M	T	W	T	F	S
	1	2	3	4	5	6
7	8	9	10	11	12	13
14	15	16	17	18	19	20
21	22	23	24	25	26	27
28	29	30	31			

AUGUST

S	M	T	W	T	F	S
				1	2	3
4	5	6	7	8	9	10
11	12	13	14	15	16	17
18	19	20	21	22	23	24
25	26	27	28	29	30	31

SEPTEMBER

S	M	T	W	T	F	S
1	2	3	4	5	6	7
8	9	10	11	12	13	14
15	16	17	18	19	20	21
22	23	24	25	26	27	28
29	30					

OCTOBER

S	M	T	W	T	F	S
		1	2	3	4	5
6	7	8	9	10	11	12
13	14	15	16	17	18	19
20	21	22	23	24	25	26
27	28	29	30	31		

NOVEMBER

S	M	T	W	T	F	S
					1	2
3	4	5	6	7	8	9
10	11	12	13	14	15	16
17	18	19	20	21	22	23
24	25	26	27	28	29	30

DECEMBER

S	M	T	W	T	F	S
1	2	3	4	5	6	7
8	9	10	11	12	13	14
15	16	17	18	19	20	21
22	23	24	25	26	27	28
29	30	31				

2003

JANUARY

S	M	T	W	T	F	S
			1	2	3	4
5	6	7	8	9	10	11
12	13	14	15	16	17	18
19	20	21	22	23	24	25
26	27	28	29	30	31	

FEBRUARY

S	M	T	W	T	F	S
						1
2	3	4	5	6	7	8
9	10	11	12	13	14	15
16	17	18	19	20	21	22
23	24	25	26	27	28	

MARCH

S	M	T	W	T	F	S
						1
2	3	4	5	6	7	8
9	10	11	12	13	14	15
16	17	18	19	20	21	22
23	24	25	26	27	28	29
30	31					

APRIL

S	M	T	W	T	F	S
		1	2	3	4	5
6	7	8	9	10	11	12
13	14	15	16	17	18	19
20	21	22	23	24	25	26
27	28	29	30			

MAY

S	M	T	W	T	F	S
				1	2	3
4	5	6	7	8	9	10
11	12	13	14	15	16	17
18	19	20	21	22	23	24
25	26	27	28	29	30	31

JUNE

S	M	T	W	T	F	S
1	2	3	4	5	6	7
8	9	10	11	12	13	14
15	16	17	18	19	20	21
22	23	24	25	26	27	28
29	30					

JULY

S	M	T	W	T	F	S
		1	2	3	4	5
6	7	8	9	10	11	12
13	14	15	16	17	18	19
20	21	22	23	24	25	26
27	28	29	30	31		

AUGUST

S	M	T	W	T	F	S
					1	2
3	4	5	6	7	8	9
10	11	12	13	14	15	16
17	18	19	20	21	22	23
24	25	26	27	28	29	30
31						

SEPTEMBER

S	M	T	W	T	F	S
	1	2	3	4	5	6
7	8	9	10	11	12	13
14	15	16	17	18	19	20
21	22	23	24	25	26	27
28	29	30				

OCTOBER

S	M	T	W	T	F	S
			1	2	3	4
5	6	7	8	9	10	11
12	13	14	15	16	17	18
19	20	21	22	23	24	25
26	27	28	29	30	31	

NOVEMBER

S	M	T	W	T	F	S
						1
2	3	4	5	6	7	8
9	10	11	12	13	14	15
16	17	18	19	20	21	22
23	24	25	26	27	28	29
30						

DECEMBER

S	M	T	W	T	F	S
	1	2	3	4	5	6
7	8	9	10	11	12	13
14	15	16	17	18	19	20
21	22	23	24	25	26	27
28	29	30	31